# Η ΑΡΧΗ ΤΟΥ ΠΕΤΡΟΥ

Πείτε ΟΧΙ στην ανικανότητα στην εργασία





50MINUTES.com

# Η ΑΡΧΗ ΤΟΥ ΠΕΤΡΟΥ

## Πείτε ΟΧΙ στην ανικανότητα στην εργασία

γραμμένο από Gabriel Verboomen
μεταφρασμένο από Lina Sideris

# Η ΑΡΧΗ ΤΟΥ ΠΕΤΡΟΥ

## ΒΑΣΙΚΕΣ ΠΛΗΡΟΦΟΡΙΕΣ

* **Όνομα:** η αρχή του Πέτρου.

* **Χρήσεις:** διαχείριση ανθρώπινων πόρων και επιδόσεων, ανάπτυξη του ανθρώπινου δυναμικού.

* **Γιατί είναι επιτυχημένη;** Η επιτυχία της είναι αβέβαιη επειδή εξαρτάται από τα άτομα και τους οργανισμούς.

* **Λέξεις-κλειδιά:**

  o Επάρκεια: γνώσεις και τεχνογνωσία που απαιτούνται για τη μέγιστη αποτελεσματικότητα σε μια δεδομένη θέση

  o Αποδοτικότητα: συνώνυμο της αριστείας, η ικανότητα ενός εργαζομένου να εκτελεί ορισμένα καθήκοντα με περιορισμένους πόρους (χρόνο, χρήμα κ.λπ.).

  o Ιεραρχία: δομή εξουσίας σε έναν οργανισμό

  o Προαγωγή: ο διορισμός ενός εργαζομένου σε υψηλότερο επίπεδο σε έναν οργανισμό.

## ΕΙΣΑΓΩΓΗ

Κατά την εξέταση της Αρχής του Πέτρου, είναι ιδιαίτερα σημαντικό να συνειδητοποιήσουμε ότι το μοντέλο αυτό, αν και διαφωτιστικό σε πολλές περιπτώσεις, προέρχεται από ένα σατιρικό βιβλίο και, ως εκ τούτου, πρέπει να χρησιμοποιείται με προσοχή κατά τη διαπίστωση επιστημονικών γεγονότων.

Στο πλαίσιο των ολοένα και πιο ισχυρών ιεραρχιών στους οργανισμούς, τίθεται το ζήτημα της εσωτερικής προαγωγής. Θα πρέπει η ικανότητα ενός εργαζομένου να είναι το κυρίαρχο κριτήριο για τον καθορισμό της ιεραρχικής ανέλιξης; Πώς μπορεί να μετρηθεί αυτό το επίπεδο ικανότητας; Ένας αποτελεσματικός υπάλληλος είναι απαραίτητα καλός οργανωτής;

 # ΟΡΙΣΜΟΣ ΤΟΥ ΜΟΝΤΕΛΟΥ

Η αρχή του Πέτρου ορίζει ότι αν ένας εργαζόμενος εργάζεται αποτελεσματικά σε ένα συγκεκριμένο ιεραρχικό επίπεδο, θα προαχθεί στο αμέσως ανώτερο επίπεδο και ούτω καθεξής, μέχρι να φτάσει στο επίπεδο όπου είναι αναποτελεσματικός. Εάν δεν μπορεί να υποβιβαστεί, αυτό σημαίνει ότι όλες οι δομές εξελίσσονται φυσικά προς μια ισορροπία μεγαλύτερης αναποτελεσματικότητας.

Αν και, εκ πρώτης όψεως, η αρχή αυτή μπορεί να φαίνεται παράλογη, εγείρει ορισμένα ζητήματα σχετικά με τη διαχείριση των ανθρώπινων πόρων. Ποιος πρέπει να προάγεται για το καλό τόσο του ατόμου όσο και της εταιρείας; Και υπό ποιες προϋποθέσεις θα πρέπει να γίνεται αυτό προκειμένου να αυξηθεί η συνολική αποδοτικότητα;

# ΘΕΩΡΙΑ

👁 **LAURENCE JOHNSON PETER (ΚΑΝΑΔΟΣ ΕΚΠΑΙΔΕΥΤΙΚΟΣ ΚΑΙ ΨΥΧΟΛΟΓΟΣ, 1919-1990)**

Αφού αποφοίτησε το 1958 από το Western Washington State College, ο Laurence J. Peter, με καταγωγή από το Βανκούβερ, έγινε γρήγορα δάσκαλος, ενώ παράλληλα συνέχισε τις σπουδές του στην ψυχολογία και τις επιστήμες της εκπαίδευσης, στις οποίες απέκτησε διδακτορικό δίπλωμα το 1963. Στη συνέχεια διηύθυνε το Κέντρο Evelyn Frieden και λειτούργησε ως σύμβουλος για προγράμματα που αντιμετώπιζαν δυσκολίες στο Πανεπιστήμιο της Νότιας Καλιφόρνιας το 1966.

Το πρώτο του βιβλίο, το *Prescriptive Teaching*, εκδόθηκε το 1965, αλλά δεν έγινε γνωστός μέχρι την έκδοση του *The Peter Principle* (1969), που γράφτηκε σε συνεργασία με τον Raymond Hull (Καναδός συγγραφέας, 1919-1985).

## ΟΙ ΥΠΟΘΕΣΕΙΣ ΤΗΣ ΑΡΧΗΣ PETER

Η Αρχή του Πέτρου, όπως όλα τα οικονομικά μοντέλα, βασίζεται σε υποθέσεις που είναι χρήσιμο να διερευνηθούν. Αν εξετάσουμε μόνο τις πιο σημαντικές, αυτές περιλαμβάνουν (αλλά δεν περιορίζονται σε αυτές):

- Η ιεραρχική δομή μιας εταιρείας έχει φυσικά τη μορφή πυραμίδας. Αυτή η απλουστευμένη άποψη δείχνει τα αυστηρά καθορισμένα ιεραρχικά επίπεδα: οι βασικοί εργαζόμενοι διοικούνται από λίγους διευθυντές, οι οποίοι διοικούνται οι ίδιοι από ακόμη λιγότερα ανώτερα στελέχη και ούτω καθεξής.

- Οι θέσεις εργασίας είναι άκαμπτες και περιλαμβάνουν καθορισμένα καθήκοντα: ο εργαζόμενος που ανατίθεται σε μια θέση εκτελεί έναν ορισμένο αριθμό καθηκόντων. Αν δεν κάνει την αναμενόμενη εργασία, αυτή απλώς δεν θα γίνει. Εάν τα καταφέρει, δεν θα του ανατεθούν άλλα καθήκοντα. Εν προκειμένω, ωστόσο, σημειώστε ότι αυτές οι διαρθρωτικές περιγραφές χρονολογούνται από μια ορισμένη εποχή και οι εταιρείες είναι σήμερα πολύ πιο ευέλικτοι οργανισμοί που λειτουργούν από ένα έργο ή ένα δίκτυο, για παράδειγμα.

- Η ισχυρότερη και πιο αμφιλεγόμενη υπόθεση είναι αυτή που στο βιβλίο αναφέρεται ως "υπόθεση του Πέτρου". Το επίπεδο των ικανοτήτων που απαιτούνται για μια ανώτερη ιεραρχικά θέση είναι εντελώς ανεξάρτητο από τις ικανότητες που απαιτούνται για μια ιεραρχικά κατώτερη θέση. Εάν ένας εργαζόμενος είναι ο καταλληλότερος για μια θέση και προάγεται σε υψηλότερο επίπεδο, το επίπεδο των ικανοτήτων του μετά την προαγωγή αυτή είναι εντελώς απρόβλεπτο.

Σύμφωνα με τον Jean-Paul Delahaye (Γάλλος επιστήμονας πληροφορικής και μαθηματικός, γεννημένος το 1952), αν δεχτούμε αυτές τις απλουστευτικές υποθέσεις, λογικά υποθέτουμε ότι όλες οι προαγωγές έχουν την τάση να μειώνουν την απόδοση ενός εργαζομένου λόγω δύο αποτελεσμάτων:

- **Το φαινόμενο της καστάνιας:** είναι αδύνατη η επιστροφή, καθώς ένας εργαζόμενος δεν μπορεί να υποβιβαστεί.

Αν είναι ανταγωνιστικός, θα συνεχίσει να ανεβαίνει τη σκάλα και δεν θα παραμείνει σε μια θέση όπου είναι αποδοτικός. Η μετακίνηση θα συνεχιστεί ουσιαστικά μέχρι να φτάσει σε ένα επίπεδο που είναι πολύ υψηλό, στο οποίο δεν θα είναι πλέον αποδοτικός. Τότε ο εργαζόμενος κολλάει σε αυτό το επίπεδο και δεν μπορεί να υποβιβαστεί ούτε να συνεχίσει να ανεβαίνει.

- **Το στατιστικό αποτέλεσμα της οπισθοδρόμησης προς το μέσο όρο (της αρχής της στατιστικής κατανομής):** κατά τη διάρκεια ενός τυχαίου, "κανονικού" γεγονότος, η πιθανότητα να επιτευχθεί ένα αποτέλεσμα κοντά στο μέσο όρο είναι μεγαλύτερη από το να επιτευχθεί ένα πολύ υψηλό ή πολύ χαμηλό αποτέλεσμα. Έτσι, η εταιρεία, η οποία έχει την τύχη να μπορεί να υπολογίζει σε έναν εργαζόμενο με ικανότητες πολύ πάνω από το μέσο όρο και αποφασίζει να αλλάξει τη θέση του, καθορίζει και πάλι την ικανότητα του εργαζόμενου με μεγάλη πιθανότητα να επιτύχει ένα μέσο αποτέλεσμα.

Πίσω από τις υποθέσεις της αρχής του Πέτρου κρύβεται μια άβολη αλήθεια: με την πάροδο του χρόνου, κάθε θέση είναι όλο και πιο πιθανό να καταληφθεί από έναν ανίκανο υπάλληλο, ενώ όσο πιο ψηλά βρίσκεται μια θέση στην ιεραρχία, τόσο πιο σημαντική είναι για τη συνολική απόδοση της δομής. Αυτό δεν σημαίνει ότι η βάση της πυραμίδας είναι λιγότερο σημαντική για την εύρυθμη λειτουργία της επιχείρησης από ό,τι η κορυφή, στην πραγματικότητα συμβαίνει το αντίθετο. Με απλά λόγια, αν δεχτούμε τη δομή της πυραμίδας και δώσουμε ίση έμφαση σε κάθε επίπεδο, μια θέση έχει μεγαλύτερη σημασία για τη συνολική απόδοση όταν υπάρχουν λιγότερες θέσεις στο επίπεδο αυτό. Για παράδειγμα, εάν υπάρχουν δύο διευθυντές για πέντε υπαλλήλους, η ατομική ικανότητα του διευθυντή αντιπροσωπεύει το 50% της απόδοσης του ιεραρχικού του επιπέδου, ενώ η ατομική απόδοση κάθε υπαλλήλου αντιπροσωπεύει μόνο το 20%.

Στις υποθέσεις της Αρχής Peter, και ιδιαίτερα σε αυτή του φαινομένου της καστάνιας, φαίνεται σαφές ότι "κάθε εργαζόμενος τείνει να ανεβαίνει στο επίπεδο της ανικανότητάς του", έτσι ώστε η φυσική ισορροπία μιας δομής να είναι ότι κάθε θέση καταλαμβάνεται από κάποιον που δεν μπορεί να αντέξει τις ευθύνες.

## ΟΙ ΑΝΙΚΑΝΟΙ ΥΠΑΛΛΗΛΟΙ

Η αρχή αυτή επινοήθηκε από τον Laurence J. Peter ως μέρος μιας ολοκληρωμένης επιστήμης των οργανισμών, την οποία ονόμασε "ιεραρχιολογία".

Αυτό αποσκοπεί στην παροχή συγκεκριμένων εφαρμογών και φέρνει το μοντέλο του αντιμέτωπο με την πραγματικότητα των οργανισμών που παρατήρησε. Βέβαια, σημειώνει εξαιρέσεις από την αρχή. Για παράδειγμα, οι ικανότεροι δεν προάγονται πάντα. Επισημαίνει αρκετές περιπτώσεις όπου προάγονται ανίκανοι υπάλληλοι και εξηγεί το γιατί.

- **Ισχυρή υποβάθμιση ή ψευδο-ανάπτυξη:** η στρατηγική αυτή, η οποία προωθεί έναν ανίκανο υπάλληλο σε ανώτερο επίπεδο, χρησιμεύει κυρίως για να διατηρήσει την ελπίδα όλων των άλλων που πιστεύουν ότι μπορούν επίσης να προαχθούν μια μέρα. Αυτό είναι επικίνδυνο, διότι αποτελεί απλώς μια ψευδαίσθηση για τους ανθρώπους που δεν ανήκουν στην ιεραρχία.

- **Πλευρική αραβουργία**: προωθείται ένας ανίκανος υπάλληλος σε μια νέα, άχρηστη θέση με μεγαλύτερο τίτλο για να περιοριστεί η ζημιά που μπορεί να προκαλέσει στην τρέχουσα θέση του.

- **Αντιστροφή του Πέτρου**: στην περίπτωση αυτή, η προαγωγή ενός ανίκανου υπαλλήλου οφείλεται στη συμμόρφωσή του με τα πρότυπα που επιβάλλει η ιεραρχία και όχι στην αποτελεσματικότητά του. Το τελικό αποτέλεσμα και τα μέσα αντιστρέφονται, αφού τα πρότυπα υπάρχουν για να αυξήσουν την παραγωγικότητα και δίνουν τόση αξία στη συμμόρφωση με τα πρότυπα όσο και στην παραγωγικότητα.

- **Ιεραρχική αποπλάνηση**: για να αποφύγει οι εργαζόμενοι να αντιληφθούν τον παραλογισμό του συστήματος και να αποφασίσουν να μη συμμορφωθούν, η εταιρεία ευνοεί την προαγωγή ενός ανίκανου υπαλλήλου.

## ΣΗΜΑΔΙΑ ΤΗΣ ΤΕΛΕΥΤΑΙΑΣ ΘΕΣΗΣ

Σύμφωνα με τον Πέτρο, τα σημάδια της ανικανότητας ή τα σημάδια απόκρυψης της ανικανότητας από τους άλλους και τον εαυτό μας είναι εύκολο να εντοπιστούν. Αυτά ονομάζονται "σημάδια της τελευταίας θέσης": ωστόσο, δίνουν την ψευδαίσθηση της επαγγελματικής ολοκλήρωσης.

- **Κλασσικοφιλία:** από την ελληνική λέξη "classis" (που σημαίνει "κατηγορία" ή "τάξη"), πρόκειται για μια περιττή εμμονή με την ταξινόμηση για να δώσουν (στον εαυτό τους) την ψευδαίσθηση ότι κάνουν σημαντικό έργο.

- **Gigantism tabula:** αναφέρεται στον ανίκανο υπάλληλο που θέλει το μεγαλύτερο γραφείο.

- **Papyromania:** από την ελληνική λέξη "Papyros" ("χαρτί") και τη λατινική λέξη "mania" ("τρέλα" ή "εμμονή"), πρόκειται για ένδειξη ανίκανου υπαλλήλου που συσσωρεύει χαρτιά – εξ ου και η φαινομενική αταξία – στο γραφείο του για να δώσει την εντύπωση ότι είναι εξαιρετικά απασχολημένος.

- **Η παπυροφοβία:** από τις ελληνικές λέξεις "papyros" ("χαρτί") και "phobos" ("φοβία"), είναι σημάδι ενός ανίκανου υπαλλήλου που δεν μπορεί να ανεχτεί χαρτί στο χώρο εργασίας του. Αν το γραφείο είναι οργανωμένο, οι συνάδελφοι, οι προϊστάμενοι, ίσως και ο ίδιος ο εργαζόμενος, θα πιστέψουν ότι η εργασία γίνεται αποτελεσματικά.

- **Φωνοφιλία:** από τις ελληνικές λέξεις "τηλέφωνο" ("φωνή") και "φιλό" ("φίλος"), πρόκειται για ένα σημάδι ανικανότητας που περιλαμβάνει την επίρριψη ευθυνών για την έλλειψη επαφής με συναδέλφους και υφισταμένους και την εγκατάσταση πολλαπλών τηλεφώνων και μαγνητοφώνων στο γραφείο. Δεδομένου ότι η ιδέα αυτή εμφανίστηκε για πρώτη φορά το 1969, το εν λόγω "σημάδι" θα πρέπει μάλλον να επαναδιατυπωθεί με βάση τις σημερινές τεχνολογίες.

- **Rigor Cartis:** λατινικής προέλευσης, υποδηλώνει ένα εμμονικό ενδιαφέρον για γραφικά, διαγράμματα και πίνακες που δίνουν την ψευδαίσθηση του ελέγχου των καταστάσεων.

- **Σιγλομανία:** από τις λατινικές λέξεις "sigla" (που σημαίνει "σημάδια" ή "συντομογραφίες") και "mania" (που σημαίνει "τρέλα" ή "εμμονή"), πρόκειται για ένα σημάδι όπου ο ανίκανος υπάλληλος μιλάει χρησιμοποιώντας ακατανόητα αρχικά και ακρωνύμια με μη μυημένο προσωπικό, για να δώσει την εντύπωση του επαγγελματισμού. Θα περιπλέξει τα πράγματα, καθώς απολαμβάνει τη σημασία που του δίνει αυτό.

- **Δομοροφιλία:** από τη λατινική λέξη "δομή" ("διευθέτηση", "κατασκευή") και την ελληνική λέξη "φιλό" ("φίλος"), πρόκειται για την απόλαυση της εργασίας σε μια συγκεκριμένη δομή, ο ανίκανος εργαζόμενος που παρουσιάζει ενδείξεις αυτού του ζωδίου θα έχει εμμονή με την τάξη και τη συντήρηση του κτιρίου όπου εργάζεται, εις βάρος της απόλαυσης της ίδιας της εργασίας.

- **Σύνδρομο φτερούγισμα:** ο ανίκανος υπάλληλος λαμβάνει σπάνια αποφάσεις και τις αφήνει να περιμένουν πολύ καιρό πριν διεκπεραιωθούν.

- **Ασυνήθιστη tabula:** από τη λατινική λέξη "tabula" ("πιάτο" ή "τραπέζι"), πρόκειται για ένδειξη ανικανότητας όταν ο εργαζόμενος χρησιμοποιεί ασυνήθιστο και παράξενο εξοπλισμό γραφείου.

Ωστόσο, ο Peter περιορίζει τις δηλώσεις του εξηγώντας ότι, ευτυχώς για τη λειτουργία των πολιτικών, κοινωνικών και οικονομικών μας μοντέλων, όλες οι θέσεις στην κορυφή της ιεραρχίας δεν καταλαμβάνονται απαραίτητα από ανίκανους υπαλλήλους. Στην πραγματικότητα, με αυτή τη διευκρίνιση της αρχής, υπογραμμίζει το γεγονός ότι η ιεραρχική δομή ενός οργανισμού είναι συχνά πολύ μικρή για να μπορέσουν όλοι οι ικανοί άνθρωποι -αν και αυτό δεν είναι πολύ μεγάλο σφάλμα, καθώς διαφορετικά θα υπέφεραν από ιεραρχική αποψίλωση- να αξιοποιήσουν τις δυνατότητές τους. Παρ' όλα αυτά, σημειώστε ότι οι ικανοί προϊστάμενοι συχνά προσλαμβάνο- νται από μεγαλύτερους οργανισμούς, όπου και πάλι μπορούν να ανελιχθούν μέχρι να φτάσουν και αυτοί στο επίπεδο της ανικανότητάς τους.

# ΠΕΡΙΟΡΙΣΜΟΙ ΚΑΙ ΕΠΕΚΤΑΣΕΙΣ

## ΠΕΡΙΟΡΙΣΜΟΙ ΚΑΙ ΕΠΙΚΡΙΣΕΙΣ

Τα όρια του μοντέλου είναι προφανή μόλις εξετάσει κανείς τις υποθέσεις στις οποίες βασίζεται.

- Προς το παρόν, ένας οργανισμός συχνά δεν είναι τόσο απλός όσο η δομή πυραμίδας που περιγράφει ο Peter. Τις περισσότερες φορές, ένας υπάλληλος που συντονίζει άλλους δεν έχει προαχθεί. Τα διάφορα τμήματα είναι ισότιμα, τουλάχιστον θεωρητικά. Η αποκέντρωση και η ενδυνάμωση ενθαρρύνονται και υπάρχει μια τάση μείωσης της απλής κάθετης ιεραρχίας. Το φαινόμενο αυτό ονομάζεται "ισοπέδωση των πυραμίδων". Ίσως είναι ακριβώς ένας από τους σύγχρονους τρόπους αποφυγής των συνεπειών της αρχής του Πέτρου που προέρχονται από μια εποχή όπου η ιεραρχία ήταν πιο άκαμπτη;

- Μια θέση δεν είναι πλέον παγωμένη. Εάν ένας ανίκανος υπάλληλος διοριστεί σε μια θέση και δεν αναλάβει τις αρμοδιότητές της, είναι πιθανό πολλές από τις λειτουργίες να ανατεθούν σταδιακά σε άλλη θέση.

- Το ζήτημα των κινήτρων είναι επίσης προβληματικό, δεδομένου ότι ορισμένες δεξιότητες που επιδεικνύει ο εργαζόμενος μπορεί να προέρχονται από αυτό. Πράγματι, ο εργαζόμενος μπορεί να είναι αποτελεσματικός σε ένα επίπεδο της ιεραρχίας, εν μέρει λόγω κινήτρων. Εάν συνεχίσει αυτόν τον ενθουσιασμό, είναι πιθανό να αποκτήσει ευκολότερα τις νέες δεξιότητες που απαιτούνται για τη νέα θέση, καθιστώντας τον πιο αποτελεσματικό.

- Η σημερινή πραγματικότητα του κύκλου εργασιών είναι εντυπωσιακή, καθώς εκτιμάται ότι ένας νέος που εισέρχεται στην αγορά εργασίας είναι πιθανό να αλλάξει το επάγγελμα ή την επιχείρησή του περίπου πέντε φορές.

- Τέλος, σίγουρα η πιο αμφισβητήσιμη υπόθεση του Πέτρου είναι ότι η ικανότητα που επιδεικνύεται σε μια θέση είναι εγγενώς ανεξάρτητη από την ικανότητα που αποδεικνύεται σε μια προηγούμενη θέση. Άλλοι ερευνητές, όπως οι Ιταλοί φυσικοί Alessandro Pluchino, Andrea Rapisarda και ο κοινωνιολόγος Cesare Garofalo στο άρθρο τους *The Peter Principle Revisited: A Computational Study*, προσφέρουν μια αναθεωρημένη προοπτική της διάσημης αρχής, διατυπώνοντας την αντίθετη υπόθεση. Την αποκαλούν "υπόθεση της κοινής λογικής": η ικανότητα σε μια υψηλότερη θέση εξαρτάται από την ικανότητα που επιδεικνύεται σε μια χαμηλότερη θέση και αυξάνεται ή μειώνεται κατά περίπου 10%.

Ο εμπειρικός έλεγχος της ανικανότητας που ανέπτυξε ο Peter μπορεί επίσης να είναι αναξιόπιστος. Πράγματι, τα συμπτώματα περιλαμβάνουν τόσες πολλές διαφορετικές συμπεριφορές που δεν μπορούμε, όπως κάνουν κάποιοι, να τα χρησιμοποιήσουμε ως υποτιθέμενη απόδειξη της αρχής Peter. Αν λάβουμε υπόψη την ονομαστική αξία ορισμένων υποθέσεων, θα βρεθούμε τελικά αντιμέτωποι με καταστάσεις όπως η εξής: το άτομο που του αρέσει πολύ η οργάνωση ή είναι πολύ αυταρχικό είναι ανίκανο, αλλά το άτομο που δεν είναι αρκετά οργανωμένο ή δεν είναι αυταρχικό είναι επίσης ανίκανο. Αν η υπερβολή είναι πάντα κάτι κακό, η πλειονότητα των υποτιθέμενων συμπτωμάτων μπορεί αρχικά να γίνει αντιληπτή ως ιδιότητες. Επίσης, είναι ο λόγος για τον οποίο ένας ανίκανος υπάλληλος υιοθετεί αυτές τις συμπεριφορές -αλλά στα άκρα- για να προσπαθήσει να κρύψει την ανικανότητά του. Συμπερασματικά, η Αρχή του Πέτρου δεν είναι επαληθεύσιμη και ο σατιρικός τόνος που χρησιμοποιεί στο έργο του υποδηλώνει ότι δεν έχει καμία πραγματική επιστημονική αξίωση.

## ΣΧΕΤΙΚΑ ΜΟΝΤΕΛΑ ΚΑΙ ΕΠΕΚΤΑΣΕΙΣ

Η Αρχή του Πέτρου αποτελεί μέρος μιας σειράς "νόμων" του ίδιου τύπου, με περισσότερο ή λιγότερο χιουμοριστικό ύφος, οι οποίοι περιγράφουν τον εταιρικό κόσμο με έναν ορισμένο κυνισμό και των οποίων η επιστημονική αυστηρότητα δεν είναι το μεγαλύτερο μέλημά τους. Ωστόσο, ορισμένοι από αυτούς επισημαίνουν την προκλητική πραγματικότητα με την οποία οι περισσότεροι οργανισμοί πρέπει να ανταπεξέλθουν αποτελεσματικά.

### Νόμος του Πάρκινσον

Μεταξύ αυτών, ειδικότερα, υπάρχει ο νόμος του Πάρκινσον (1955), από τον Βρετανό ιστορικό Cyril Northcote Parkinson (1909-1993), ο οποίος αναφέρει ότι η εργασία κατανέμεται πάντοτε έτσι ώστε να γεμίζει τον χρόνο που διαθέτει ο υπεύθυνος για το έργο. Κατ' επέκταση, μπορούμε να φανταστούμε ότι χρησιμοποιούνται όλοι οι διαθέσιμοι πόροι για το έργο, είτε πρόκειται για χρόνο, είτε για χρήματα, είτε για ανθρώπινο δυναμικό κ.λπ. Υπάρχουν δύο συνέπειες που στηρίζουν αυτόν τον νόμο:

- **Αύξηση των υφισταμένων.** Εάν ένας υπάλληλος αποτύχει να ολοκληρώσει ένα έργο, έχει μόνο δύο επιλογές: μπορεί είτε να ξεφορτωθεί ένα μέρος του έργου δίνοντάς το σε κάποιον που θα μπορούσε να γίνει δυνητικός αντίπαλος, είτε να ζητήσει την υποστήριξη των υφισταμένων του. Στις περισσότερες περιπτώσεις, επιλέγεται η δεύτερη επιλογή, πρώτον για να προστατεύσει τη θέση του και δεύτερον για να αυξήσει τη σημασία του. Θα πρέπει να σημειωθεί ότι θα φροντίσει να έχει αρκετούς υφισταμένους, ώστε να μοιράζεται κάθε εργασία. Με αυτόν τον τρόπο, εφόσον κανένας από αυτούς δεν είναι σε θέση να εκτελέσει το σύνολο της εργασίας, κανείς δεν θα γίνει δυνητικός αντίπαλος.

- **Αύξηση του φόρτου εργασίας.** Είτε εργάζεστε με ίσους είτε με υφισταμένους, είναι γεγονός ότι όταν εργάζονται πολλά άτομα, ο φόρτος εργασίας αυξάνεται. Συχνά χρειάζεται τόσος χρόνος για τον συντονισμό όσο και για την εκτέλεση της εργασίας. Καθώς υπάρχει σχεδόν πάντα κάποιος στην ομάδα που δυσκολεύεται να αναθέσει και αναλαμβάνει περισσότερες ευθύνες, η εργασία θα διορθωθεί στο τέλος ώστε να ταιριάζει με αυτό που θα μπορούσε να παράγει ένα άτομο μόνο του. Τελικά, για να παραχθεί το ίδιο έργο -όπως θα παρήγαγε μόνο ένα άτομο- χρειάζεται μια ολόκληρη ομάδα αφιερωμένη σε αυτό και επιπλέον χρόνος δαπανήθηκε για τον συντονισμό όλων αυτών των ανθρώπων.

## Η αρχή Dilbert

Θα αναφέρουμε επίσης την αρχή Dilbert, που προέρχεται από το ομώνυμο κόμικ του Scott Adams (Αμερικανός σκιτσογράφος, γεννημένος το 1957). Σύμφωνα με αυτόν, οι ανίκανοι υπάλληλοι προάγονται αμέσως και γίνονται διευθυντές, ακόμη και αν δεν έχουν δείξει ποτέ ιδιαίτερες ικανότητες. Η αρχή αυτή είναι ακόμη πιο ριζοσπαστική από την Αρχή του Πέτρου, καθώς υποθέτει ότι αναθέτουμε συνειδητά διοικητικά καθήκοντα σε ανίκανους υπαλλήλους, ώστε να μην μπορούν να προκαλέσουν ζημιά. Αυτό, βέβαια, προϋποθέτει ότι η διοίκηση είναι πάντα άχρηστη.

Παρομοίως, μπορούμε να αναφέρουμε τη λαϊκή ρήση ότι "όσοι μπορούν, κάνουν- όσοι δεν μπορούν, διδάσκουν".

Αν και δεν μπορούμε να τα ονομάσουμε "μοντέλα" ως τέτοια – επειδή δεν είναι επιστημονικά – οι αρχές αυτές δείχνουν κάποια εμπειρική αντίσταση στη θεωρητική απόδοση των οικονομικών μοντέλων. Μήπως πρέπει να εγκαταλείψουμε αυτά τα μοντέλα - τα όρια των οποίων γνωρίζουμε στην πραγματικότητα - και να εξετάσουμε το ενδεχόμενο να χορηγούμε προαγωγές στην τύχη;

# ΠΡΑΚΤΙΚΗ ΕΦΑΡΜΟΓΗ

Οι μελέτες περιπτώσεων όπου η Αρχή του Πέτρου λειτουργεί είναι ταυτόχρονα πολυάριθμες και ανύπαρκτες. Είναι πολυάριθμες, καθώς ο καθένας μας καταφέρνει εύκολα να φανταστεί μια κατάσταση όπου ένας ανίκανος υπάλληλος προάγεται, αναγνωρίζοντας τα σημάδια που περιγράφει ο Peter στους συναδέλφους ή τους προϊσταμένους μας. Όσο για το να πούμε ότι πράγματι αποδεικνύουν την ανικανότητα, αυτό είναι ένα άλλο θέμα. Είναι αρκετά δύσκολο, και οι περισσότεροι διευθυντές ανθρώπινου δυναμικού το γνωρίζουν καλά αυτό, να μετρήσει κανείς την απόδοση ενός εργαζομένου. Ομοίως, οι εργαζόμενοι συχνά τείνουν να θεωρούν ανίκανο τον προϊστάμενό τους, επειδή είναι ευκολότερο να επικρίνουν τους άλλους παρά να αναλάβουν την ευθύνη. Τις περισσότερες φορές, η βιβλιογραφία παρουσιάζει περιπτώσεις όπου υποστηρίζεται η ανικανότητα, αλλά προέρχεται από κάτι περισσότερο από τη φαντασία των υποστηρικτών της Αρχής του Πέτρου. Υπό αυτή την έννοια, τα πραγματικά παραδείγματα περιπτώσεων είναι ανύπαρκτα.

## ΜΕΛΕΤΗ ΤΗΣ ΚΑΤΑΝΙΑ

Αντί να αφηγούνται ανέκδοτα, οι Alessandro Pluchino, Andrea Rapisarda και Cesare Garofalo, στο άρθρο τους *The Peter Principle Revisited: A Computational Study*, προτίμησαν να δοκιμάσουν έναν διαφορετικό τρόπο αντιμετώπισης του μοντέλου στην πραγματικότητα. Χρησιμοποίησαν μια προσομοίωση σε υπολογιστή της εξέλιξης της δομής της πυραμίδας μεταβάλλοντας τις υποθέσεις προώθησης. Το άρθρο τους αποκάλυψε εκπληκτικά ευρήματα, κερδίζοντας τους το βραβείο Ig Nobel στα οικονομικά, μια παρωδία του βραβείου Νόμπελ που επιβραβεύει τις πιο ασυνήθιστες έρευνες. Ωστόσο, η μελέτη τους είναι παρ' όλα αυτά πολύ σοβαρή και η παράξενη φύση των αποτελεσμάτων ενισχύει τη σκέψη και τις χιουμοριστικές υποθέσεις που ανέπτυξε ο Peter.

## Ορισμός πλασματικού οργανισμού

Ως εκ τούτου, δημιούργησαν, σε ένα πρόγραμμα υπολογιστή (χρησιμοποιώντας το Netlogo, μια γλώσσα προγραμματισμού ειδικά σχεδιασμένη για την ευνοϊκή προσομοίωση πολλαπλών πρακτόρων για τη δοκιμή διαφόρων πτυχών της θεωρίας παιγνίων), έναν φανταστικό οργανισμό που αποτελείται από έξι ιεραρχικά επίπεδα (με 81, 41, 21, 11, 5 και 1 πράκτορα αντίστοιχα). Κάθε πράκτορας χαρακτηρίζεται από μια ηλικία που κυμαίνεται από 18 έως 60 και ένα επίπεδο δεξιοτήτων από 1 έως 10.

Στην αρχή της προσομοίωσης, οι ηλικίες και τα επίπεδα δεξιοτήτων καθορίζονται τυχαία με βάση τη στατιστική κατανομή που περιγράφεται παραπάνω.

 **'ΚΑΝΟΝΙΚΗ' ΣΤΑΤΙΣΤΙΚΗ ΚΑΤΑΝΟΜΗ**

Μια στατιστική κατανομή δίνει μια ισχυρή πιθανότητα για αποτελέσματα κοντά στο μέσο όρο – αυθαίρετα ορισμένο στο 0 στο διάγραμμα – και μια ολοένα και πιο χαμηλή πιθανότητα καθώς προσπαθούμε να πάρουμε ένα αποτέλεσμα που απομακρύνεται από την κορυφή ή τον πυθμένα. Αυτή θεωρείται ότι είναι η μορφή της τύχης που περιγράφει καλύτερα την πραγματικότητα των μεγάλων δειγμάτων και, εξ ορισμού, βρίσκουμε πολύ περισσότερα μέσα γεγονότα από ό,τι εξαιρετικά γεγονότα.

## Προσομοίωση

Μόλις δημιουργηθεί η αρχική κατάσταση, μπορεί να ξεκινήσει η προσομοίωση. Σε κάθε γύρο του παιχνιδιού, η ηλικία των πρακτόρων αυξάνεται. Κάθε πράκτορας που φτάνει τα 60 εξαφανίζεται και τα κενά συμπληρώνονται με την προώθηση πρακτόρων από τα χαμηλότερα επίπεδα. Τα κενά στο χαμηλότερο επίπεδο συμπληρώνονται με την προσθήκη νέων πρακτόρων των οποίων η ηλικία και οι δεξιότητες καθορίζονται τυχαία.

Όταν ένας πράκτορας αλλάζει επίπεδο, αλλάζει και η ικανότητά του σύμφωνα με τις δύο δοκιμασμένες υποθέσεις:

- **Η υπόθεση του Πέτρου.** Το νέο επίπεδο ικανότητας είναι εντελώς τυχαίο.

- **Η υπόθεση της κοινής λογικής.** Το νέο επίπεδο ικανοτήτων παρουσιάζει αύξηση ή μείωση κατά 10% κατ' ανώτατο όριο σε σχέση με το προηγούμενο επίπεδο.

Και στις δύο περιπτώσεις, είναι απαραίτητο να μετρηθεί η συνολική απόδοση του συστήματος, η οποία αντιστοιχεί στη μέση απόδοση όλων των επιπέδων. Σημειώστε ότι όσο περισσότερο ανεβαίνει ένας εργαζόμενος στη σκάλα, τόσο περισσότερο θα πρέπει να αυξάνεται η ατομική του απόδοση.

Φυσικά, το ερώτημα που αντιμετωπίζουν οι ερευνητές είναι το ίδιο που αντιμετωπίζει κάθε διευθυντής: ποιος πρέπει να προαχθεί; Για κάθε υπόθεση, οι ερευνητές εξέτασαν τρεις τύπους προαγωγής:

- προώθηση του καλύτερου υπαλλήλου,

- προαγωγή του πιο ανίκανου υπαλλήλου,

- προαγωγή ενός τυχαία επιλεγμένου υπαλλήλου.

## Αποτελέσματα

Πολύ γρήγορα, η απόδοση του συστήματος έφτασε σε ένα σημείο ισορροπίας.

Σύμφωνα με την υπόθεση της κοινής λογικής, δεν υπάρχει πραγματική έκπληξη. Μια καλή συνολική απόδοση επιτυγχάνεται όταν προάγονται οι καλύτεροι άνθρωποι και μια κακή συνολική απόδοση όταν προάγονται ανίκανοι άνθρωποι. Η τυχαία προαγωγή δεν έχει σημαντικό αντίκτυπο στη συνολική απόδοση.

Από την άλλη πλευρά, αν εξετάσουμε την υπόθεση Peter, ένα εκπληκτικό συμπέρασμα – το οποίο είναι το αντίθετο από αυτό που διαπίστωσαν οι Ιταλοί ερευνητές που κέρδισαν το Ig Nobel – είναι σαφές: πρέπει να προάγουμε τους ανίκανους υπαλλήλους. Πράγματι, αν μετακινήσετε έναν κακό εργαζόμενο σε υψηλότερο επίπεδο, υπάρχει μεγάλη πιθανότητα να αντικατασταθεί από κάποιον καλύτερο από αυτόν, καθώς η πλειονότητα των παραγόντων είναι μέτριοι. Επιπλέον, οι επιδόσεις των κακών εργαζομένων θα "επαναληφθούν", θα κληρωθούν ξανά τυχαία, μέσω της επανατοποθέτησής του, με καλές πιθανότητες να πάρουμε και πάλι ένα μέτριο αποτέλεσμα. Και αν η τύχη καταλήξει σε κακό αποτέλεσμα, θα προχωρήσει και πάλι στον επόμενο γύρο. Έτσι, η προαγωγή των πιο ανίκανων υπαλλήλων είναι το λογικό συμπέρασμα στην υπόθεση Peter. Στη συνέχεια, όπως και στην περίπτωση της υπόθεσης της κοινής λογικής, η τύχη παραμένει ουδέτερη. Όσον αφορά την προαγωγή των καλύτερων υπαλλήλων, λειτουργεί ακριβώς όπως περιέγραψε ο Peter: ωθεί τους πάντες στο επίπεδο ανικανότητάς τους, καθιστώντας τη συνολική απόδοση ελαττωματική.

## Συμπέρασμα

Επομένως, είτε ο Πέτρος έχει δίκιο και μπορούμε να συμβουλεύουμε τους μάνατζερ να προάγουν μόνο τους χειρότερους υπαλλήλους, είτε δεχόμαστε ότι η ικανότητα σε υψηλότερο επίπεδο είναι μια απλή παραλλαγή της ικανότητας σε χαμηλότερα επίπεδα και η προαγωγή των καλύτερων εργαζομένων παραμένει η προτιμώμενη λύση.

## ΣΥΜΒΟΥΛΕΣ

Συνολικά, ο Peter προσεγγίζει το πρόβλημα με πολύ στατικό και απλοϊκό τρόπο. Γιατί η ικανότητα για μια δεδομένη θέση θα πρέπει να θεωρείται σταθερά; Εάν το σύστημα διαχείρισης ανθρώπινου δυναμικού που εφαρμόζεται είναι αποτελεσματικό, τα ρυθμιστικά μέτρα απόδοσης θα πρέπει να ακολουθούνται από συνεντεύξεις με υπαλλήλους και εκπαίδευση του προσωπικού για την αύξηση της αποτελεσματικότητας της εργασίας τους.

Φυσικά, αυτό παρουσιάζει αρκετά μειονεκτήματα:

- Πρώτον, χρειαζόμαστε σχετικούς βασικούς δείκτες επιδόσεων για να προσδιορίσουμε την ποιότητα της εργασίας όσο το δυνατόν πιο αντικειμενικά. Στην περίπτωση ενός πωλητή, θα αρκούσε, για παράδειγμα, να μετρήσουμε απλώς τον αριθμό των δυνητικών πελατών που εισήλθαν στο κατάστημα (όλο και περισσότερα καταστήματα εγκαθιστούν αισθητήρες για το σκοπό αυτό), το ποσό που εισέπραξε ο πωλητής και τη σχέση μεταξύ των δύο. Ωστόσο, ο υπολογισμός της απόδοσης είναι πιο επικίνδυνος όταν πρόκειται για τη μέτρηση της ποιότητας της εργασίας που παράγει ένας δημόσιος υπάλληλος ή ένας υπάλληλος γραφείου. Ο ίδιος ο Πέτρος, όταν μιλάει για ανικανότητα, δίνει την εντύπωση ότι αυτή βασίζεται περισσότερο σε ένα διαδεδομένο αίσθημα παρά σε συγκεκριμένους δείκτες.

- Δεύτερον, ένα αποτελεσματικό σύστημα ανθρώπινου δυναμικού και η κατάρτιση είναι πιο δύσκολο να εφαρμοστούν και πιο δαπανηρά από την απλή μέτρηση της απόδοσης των εργαζομένων και την άμεση προαγωγή του κατάλληλου εργαζομένου με βάση την προηγούμενη εμπειρία.

Ανεξάρτητα από το αν η υπόθεση Peter είναι αληθής ή όχι, οι μάνατζερ μπορούν να εξετάσουν την ιεραρχία με δύο αντίθετους τρόπους:

- εάν κάθε λειτουργία και οι δεξιότητες που σχετίζονται με αυτήν είναι σαφώς καθορισμένες, είναι πολύ πιο απλό να εφαρμοστούν οι βασικοί δείκτες απόδοσης και να αξιολογηθεί η απόδοση,

- εάν, αντίθετα, αφήνεται σκόπιμα κάποια αβεβαιότητα όσον αφορά τα καθήκοντα που πρέπει να εκτελεί κάθε εργαζόμενος, είναι πολύ πιο εύκολο να απαλλαγεί ένας εργαζόμενος από ορισμένα από τα καθήκοντα για τα οποία δεν είναι αρμόδιος, αλλά αυτό έχει σημαντικό αντίκτυπο στην αποτελεσματικότητα.

Επιπλέον, είναι δυνατόν να καταστήσουμε τους εργαζομένους πιο κινητικούς, καταργώντας το φαινόμενο της καστάνιας. Οι απολύσεις είναι πιο συχνές από ό,τι φαίνεται να πιστεύει ο Peter.

## Όταν η υπόθεση Peter δεν ισχύει

Εάν η υπόθεση Peter δεν επαληθευτεί, τότε το σύστημα της κοινής λογικής – το οποίο περιλαμβάνει την προώθηση των καλύτερων εργαζομένων – που συνήθως δημιουργείται από τους οργανισμούς, εάν είναι πλήρως αποτελεσματικό. Έχει το διπλό πλεονέκτημα ότι παρακινεί τους εργαζόμενους να αγωνίζονται για να αποδώσουν καλύτερα με την ελπίδα να πάρουν προαγωγή, εξοικονομώντας έτσι χρήματα του οργανισμού για εκπαίδευση, καθώς οι ίδιοι θα καταβάλουν κάθε δυνατή προσπάθεια για να αποκτήσουν το επίπεδο δεξιοτήτων που απαιτείται για την ανώτερη θέση.

## Όταν ισχύει η υπόθεση Peter

Από την άλλη πλευρά, είναι πολύ πιο προβληματικό αν η υπόθεση Peter αποδειχθεί αληθινή. Εάν προαχθούν οι πιο ανίκανοι εργαζόμενοι, αυτό θα πρέπει να γίνει διακριτικά λόγω του κινδύνου αποθάρρυνσης των εργαζομένων. Είναι επίσης απαραίτητο να δοθεί έμφαση στα οικονομικά κίνητρα και να αποφεύγεται η χρήση του συστήματος προαγωγών ως ανταμοιβή.

Αυτός ο τρόπος εξέτασης και χορήγησης προαγωγών έχει τους περιορισμούς του, καθώς δημιουργεί σημαντικό κόστος για τον οργανισμό και δεν βρίσκει το πρόσωπο που είναι καταλληλότερο για τη θέση.

Τέλος, εάν η υπόθεση Peter ανταποκρίνεται στην πραγματικότητα των οργανισμών και το φαινόμενο ratchet είναι τόσο σταθερό όσο πιστεύει, η μόνη πραγματική λύση είναι η όσο το δυνατόν αποτελεσματικότερη υποστήριξη των εργαζομένων με τη μέτρηση των απαιτούμενων δεξιοτήτων, την παρακίνηση και την εκπαίδευσή τους. Αυτό κοστίζει στον οργανισμό πολύ περισσότερο απ' ό,τι αν ο μόνος ανταγωνισμός που υφίσταται μεταξύ των εργαζομένων τους έκανε ικανούς σε όλα τα επίπεδα της ιεραρχίας.

# ΠΕΡΙΛΗΨΗ

- Η αρχή που αναπτύχθηκε από τους Laurence J. Peter και Raymond Hull εμφανίζεται σε ένα σατιρικό έργο με τίτλο *The Peter Principle* από το 1969, μια εποχή κατά την οποία οι επιχειρήσεις, αντιμετωπίζοντας ένα σταθερό και οικονομικά υγιές περιβάλλον, στόχευαν στην ανάπτυξη και την εξέλιξη της δομής τους και, ως εκ τούτου, αναπόφευκτα διαχειρίζονταν προαγωγές.

- Η αρχή αυτή βασίζεται στην ακόλουθη υπόθεση: όλοι οι οργανισμοί προωθούν ικανούς υπαλλήλους μέχρι να φτάσουν σε μια θέση στην οποία δεν μπορούν να αποδώσουν με επάρκεια και από την οποία δεν μπορούν να απομακρυνθούν- ο οργανισμός, επομένως, κινείται προς την κατεύθυνση της εκτεταμένης ανικανότητας.

- Η συμβολή έγκειται κυρίως στα διευθυντικά στελέχη που πρέπει να γνωρίζουν πώς να διαχειρίζονται τις μετακινήσεις του προσωπικού τους, προκειμένου να βελτιώσουν τη συνολική απόδοση του οργανισμού τους. Θα πρέπει, για το σκοπό αυτό, να εξασφαλίσουν την ανάπτυξη των δεξιοτήτων και της συλλογικής νοημοσύνης, διότι κανείς δεν είναι τέλειος, αλλά μια ομάδα μπορεί να είναι.

- Οι υποθέσεις του μοντέλου προκαλούν διαμάχη, ιδίως η υπόθεση που υποστηρίζει ότι οι δεξιότητες που απαιτούνται για μια νέα θέση δεν εξαρτώνται από εκείνες που παρατηρήθηκαν στην προηγούμενη θέση.

- Άλλοι νόμοι, όπως ο νόμος του Πάρκινσον για τη φυσική τάση των οργανισμών να γίνονται τελικά αναποτελεσματικοί, τείνουν προς την ίδια κατεύθυνση με την αρχή του Πέτρου.

- Συμβουλές:

  - εάν η υπόθεση Peter δεν ισχύει, βασιστείτε στην κοινή λογική και προωθήστε τους καλύτερους υπαλλήλους,

  - εάν ισχύει η υπόθεση Peter:

    - προάγουν τους χειρότερους υπαλλήλους χωρίς να το γνωστοποιούν,

    - να δώσει οικονομικά κίνητρα χωρίς να αλλάξει ο ρόλος των εργαζομένων,

    - να παρατηρεί κάθε εργαζόμενο ξεχωριστά και να λειτουργεί με κινήσεις εντός του ίδιου ιεραρχικού επιπέδου.

# ΠΕΡΑΙΤΕΡΩ ΑΝΑΓΝΩΣΗ

## ΒΙΒΛΙΟΓΡΑΦΙΑ

Blary, J-L. (1999) Le principe de Peter. *Lettre d'ADELI*. Τόμος 36.

Delahaye, J-P. (2011) Le principe de Peter. *Pour la science*. Τόμος 407, σσ. 82-87.

Peter, L. J. and Hull, R. (2011) *Le Principe de Peter ou pourquoi tout va toujours mal*. [2η έκδοση]. Paris: Librairie Générale Française.

Pluchino, A., Rapisarda, A. and Garofalo, C. (2010) The Peter Principle Revisited: Μια υπολογιστική μελέτη. *Physica A: Statistical Mechanics and its Applications*. 3(389), σ. 467-472. [Online]. [Πρόσβαση 18 Ιουλίου 2014]. Διαθέσιμο από: < http://arxiv.org/pdf/0907.0455v3.pdf>

## ΠΡΟΣΘΕΤΕΣ ΠΗΓΕΣ

Δικτυακός τόπος *Dilbert* του Scott Adams: http://www.dilbert.com/

Ο εκδότης διασφαλίζει την αξιοπιστία των πληροφοριών που δημοσιεύονται, η οποία όμως δεν μπορεί να αποτελέσει ευθύνη του.

Κύριο ISBN: 9782808600200
ISBN: 9782808601658
Νόμιμη κατάθεση: D/2022/12603/166

Ψηφιακός σχεδιασμός: Primento,
ο ψηφιακός συνεργάτης των εκδοτών.